TÉMOIGNAGES INÉDITS

SUR LES

ATROCITÉS TURQUES

commises en Arménie

SUIVIS D'UN

RÉCIT DE L'ÉPOPÉE ARMÉNIENNE

DE CHABIN-KARAHISSAR

RECUEILLIS PAR

la Société des Dames Arméniennes

(AZKANEVER DE CONSTANTINOPLE)

PARIS
IMPRIMERIE DUBREUIL, FREREBEAU et Cⁱᵉ
18, RUE CLAUZEL, 18

1920

TÉMOIGNAGES INÉDITS

SUR LES

ATROCITÉS TURQUES

COMMISES EN ARMÉNIE

RÉCIT DE L'ÉPOPÉE ARMÉNIENNE

TÉMOIGNAGES INÉDITS

SUR LES

ATROCITÉS TURQUES

commises en Arménie

SUIVIS D'UN

RÉCIT DE L'ÉPOPÉE ARMÉNIENNE

DE CHABIN-KARAHISSAR

RECUEILLIS PAR

la Société des Dames Arméniennes

(AZKANEVER DE CONSTANTINOPLE)

PARIS
IMPRIMERIE DUBREUIL, FRÈREBEAU et C.
18, RUE CLAUZEL, 18

1920

AUX GRANDES
PUISSANCES ALLIÉES

O vous, les grands défenseurs de la justice et de la liberté, vous, les soutiens des éprouvés et des opprimés, vous, qui ne craignez ni le fer, ni le feu et qui venez à travers les abominations et les ruines tendre la main à ceux qui depuis des siècles ont gémi sous le joug de fer de la tyrannie et de l'injustice, à ceux qui virent, hier encore, le martyre de leurs enfants, à ceux qui assistèrent à la violation de leur honneur, qui furent témoins du massacre de leurs bien-aimés, à tous ceux qui ont pleuré des larmes de sang, mais qui ont cru et espéré en Vous comme ils croyaient et espéraient en Dieu.

Le grand jour est arrivé! La Justice monte sur son trône, et, nous mettant à genoux, nous ne cessons de demander :

« Justice pour les éprouvés, pour les opprimés, pour les martyrs !

« AZKANEVER. »

Constantinople, Mai 1919.

La Société des Arméniennes « Azkanever » (consacrées à la nation), fut fondée en 1879 et, pendant quinze années consécutives ouvrit et garda des écoles de jeunes filles dans les provinces arméniennes.

Pendant le règne tyrannique du sultan Abdul-Hamid, la Société fut désorganisée, ses écoles fermées et les villages où elles se trouvaient incendiés et les instituteurs ainsi que les membres de la Société, persécutés.

En 1908, pendant le régime constitutionnel, la Société étant réorganisée, elle rouvrit cinquante écoles où plus de trois mille jeunes filles recevaient gratuitement l'instruction. Mais, aujourd'hui, ces écoles sont détruites et les élèves, hélas ! pour la plupart dispersées, malmenées et massacrées !

La Société, mère à qui l'on a ravi ses enfants, espère que tous ces foyers supprimés seront reconstitués dans la Patrie libérée. Et cette espérance l'aide à former un livre commémoratif. Ce livre, composé du souvenir, des larmes et des traces de sang de milliers et de milliers de martyrs, est dédié à Vous, grandes nations alliés. Elle vous l'offre afin qu'à l'Heure solennelle, l'heure où sera accomplie l'œuvre de justice pour l'Orient, vous ayez sous les yeux la protestation jaillie du cœur de la femme arménienne !

———————

L'exil des Intellectuels Arméniens

Le dimanche 11 Avril 1915 devait être témoin de la terreur à laquelle fut vouée la population arménienne de Constantinople. De faubourg en faubourg, des bruits circulaient à propos d'événements tristes et terrifiants ; la nouvelle de brusques arrestations était murmurée par toutes les lèvres. La veille, dans la nuit, les Turcs avaient arrêté 270 intellectuels arméniens ; des hommes de lettres, des poètes, des médecins, des avocats, des journalistes, des instituteurs, des représentants de diverses associations, et nous pouvons citer : D. Varoujan, R. Sévak, Tchégurian, Aknouni, Siamanto, D. Kéléguian, R. Zartarian, Khajak, J. Saïbalian, A. Minassian, Herant, Puratt et combien d'autres !

Après avoir passé la nuit dans la prison centrale, l'élite de la nation arménienne devait prendre la route de l'exil. Une partie devait être envoyée à Ayach et l'autre à Tchenguéré (vilayet d'Angora) noms qui restent si tristement célèbres comme lieux d'exil des intellectuels arméniens.

Trois mois après, les nouvelles des atrocités commencèrent à nous parvenir. Les premières victimes, D. Varoujan et R. Sévak, deux poètes célèbres et bien-aimés, furent massacrés dans un ravin au moment où ils étaient transportés de Tchenguéré à Angora. Quelque temps après, les détenus d'Ayach étaient conduits par groupes dans le Kanlidéré, enchaînés deux à deux et là, massacrés impitoyablement à coups de fusils ou de yatagans. Des tortures effroyables, ongles arrachés par des tenailles, des brûlures à l'huile bouillante, etc., leur avaient été infligées avant la mort.

Pendant ce temps, les Arméniens de toutes les provinces de l'Empire étaient déportés. Et les hommes avaient été séparés de leur famille, puis impitoyablement massacrés ; et les femmes, tuées après avoir été violées ; et de pauvres enfants jetés à la rivière ou abandonnés et qui se traînant, affamés, par monts et par vaux,

sont les jouets du caprice de la populace
turque.

**La mort de Zohrab, homme de lettres
éminent et membre du Parlement ottoman,
et celle de son collègue Vartkès.**

Zohrab et Vartkès furent conduits à
Edesse (Ourfa) lors même des massacres
qui y eurent lieu. Ils furent gardés dans un
hôtel pendant deux jours, sous surveillance.
Le troisième jour, le représentant d'Edesse,
Mahmoud Nédine Bey, organise un banquet
en leur honneur. D'abord Zohrab refuse de
s'y rendre et ce n'est que sur l'insistance de
Nédine Bey qu'il finit par accepter l'invita-
tion en disant : « Nédine Bey, si je viens, je
sais que je ne pourrai pas digérer ce que j'y
mangerai ». Néanmoins il s'y était rendu ;
mais la fin du banquet fut interrompue par
la venue de quatre gendarmes demandant à
Nédine Bey de leur livrer ses deux hôtes
arméniens, prétextant que la voiture étant

prête, ils devaient les conduire à Karpout. Entendant cela, Zohrab dit avec émotion à Nédine Bey : « On nous enmène pour nous tuer, je vous en prie, intervenez. »

Nédine Bey donne sa promesse, mais les gendarmes conduisent Zohrab et Vartkès vers la voiture, qui attendait à côté d'une autre où se trouvaient le Père Ardavast et deux notables de la ville, emprisonnés le même jour. Après une heure de marche, ils arrivent à Karakeupru, où une semaine avant quatre mille soldats arméniens appartenant à «Amélé tabour» (ouvriers soldats), originaires d'Ourfa et de Diarbékir, avaient été massacrés. C'est dans ce lieu sinistre que l'on voulut descendre les prisonniers des voitures. Zohrab résista et ce fut dans la voiture qu'on vint le tuer. Les autres prisonniers furent cloués au sol par des piques de fer, après que les cheveux et la barbe du Père Ardavast furent arrachés.

Un des gendarmes qui avait accompli ce triste exploit, conduisit la voiture ensanglantée à Ourfa, en face de l'hôpital allemand et tout en nettoyant sa voiture devant une fontaine, raconta aux infirmières arméniennes tout ce qui s'était passé. Trois de ces infirmières se rendirent sur les lieux du crime pour enterrer les morts.

Madame Nvart Mahokian, l'épouse d'un grand commerçant de Trébizonde, raconte ce qui suit :

La déportation d'Erzinghian était déjà commencée et nous attendions, de jour en jour, d'heure en heure, l'ordre de déportation pour Trébizonde ; la terreur était générale... Enfin, un matin, l'ordre vint. On nous donna un délai de cinq jours pour partir; pendant ce temps les hommes étaient arrêtés et emprisonnés ; la majeure partie des prisonniers étaient embarqués et jetés à l'eau.

Aucune communication n'était possible entre Arméniens. Le cinquième jour, les gendarmes entrant dans les maisons firent sortir de force les habitants ; les femmes, les enfants et les vieillards furent malmenés impitoyablement. C'est ainsi que sous les menaces, les insultes des gendarmes, nous fûmes conduits à Déïrmin-déreh.

Je n'ai jamais revu ni mon mari, ni mon fils. Les Turcs les emportèrent et les massacrèrent, et j'ignore où... Et penser que mon fils, étudiant à Paris, était venu auprès de nous pour passer ses vacances !

Notre caravane comptait trois mille personnes. Après six jours de marche elle arriva à Daldaban-Gumuchkaneh ; au cours de ce voyage, les Turcs nous avaient pillés; arrivés à l'étape, les gendarmes et les policiers armés jusqu'aux dents nous attendaient. Nous fûmes emprisonnés dans une écurie où les chefs des « tchétas » (brigands organisés et soutenus par le gouvernement) vinrent nous tourmenter par tous les moyens : les femmes furent fouillées et plusieurs violées. Le lendemain nous nous mîmes en route et chaque jour faisant une randonnée de 10 heures, affamés, en loques, nous arri-

vâmes à Erzinghian, où une scène horrible
s'offrit à nos yeux : la terre était jonchée
de têtes coupées, de membres humains
épars, de chevelures de femme..........

Et pour compléter notre horreur, les
Turcs, au soir, vinrent choisir les plus belles
d'entre nous et les emportèrent à la clarté
de la lumière blafarde de la lune qui éclairait
de sinistres spectacles.

Pendant des journées entières, nous continuâmes notre marche en longeant l'Euphrate, dont les eaux lentement charriaient
des cadavres humains. D'autres, en décom-
position, offraient un spectacle horrible et
même parfois, suprême horreur, nous étions
obligés, pour pouvoir continuer notre marche,
de piétiner les restes sacrés de nos frères.
Parfois ces cadavres avaient une telle expres-
sion de terreur que nous fermions nos yeux !
Mais ce qui me semblait encore plus horrible,
c'était la rencontre de femmes errantes,
pâles, échevelées, les yeux hagards et tellement décharnées que l'on eut dit des reve-
nants.

Il nous était défendu de nous désaltérer. La rivière coulait tout près de nous, mais malheur à celle qui se penchait pour étancher sa soif ! La balle d'un gendarme la terrassait aussitôt. Ce n'est qu'arrivés auprès d'un puits, que les gendarmes consentaient à nous fournir à boire, mais à quelle condition !... Ils faisaient descendre d'ignobles torchons dans le puits pour les tremper ; puis ils les pressaient dans une tasse et le contenu était vendu à cinq livres turques.

A Arabkir, tout le quartier arménien était en ruines ; partout des cadavres qui dégageaient une odeur insupportable ! La majeure partie de la population avait été massacrée dans l'église où les Turcs les avaient préalablement réunis. Leurs lamentations, leurs cris de douleur s'étaient élevés jusqu'aux cieux, mais les cœurs endurcis de leurs bourreaux étaient restés inexorables. Ces martyrs laissaient ces mots à l'humanité qui leur survivrait : « On nous écorche, on nous crève les yeux, on nous arrache la langue avec des tenailles, on nous tue en enfonçant des barres de fer rougies dans notre corps. Vous qui vivez, hommes ou femmes, vengez-nous ! »

A deux heures de Malatia, les Tchétas nous surprirent, déjà plusieurs caravanes avaient disparu là. Les chefs Zéïnal et Béder nous conduisirent dans un lieu plein de cadavres où plusieurs de notre caravane furent massacrés à coups de hache. Ce qui resta de nous était obligé d'escalader une montagne à peu près inabordable.

Beaucoup d'entre nous tombèrent et disparurent dans les ravins et les précipices. De nouveau, des « tchétas » nous attaquèrent. Avec une brutalité inouïe ils fouillèrent les femmes avec l'espoir d'y trouver de l'or. Horrifiés et angoissés nous arrivâmes à Sam-Sat, célèbre dans les annales de notre histoire par les atrocités qui y furent commises. On racontait qu'une caravane de 10.000 personnes était arrivée tout récemment. Les tchétas l'avaient attaquée ; les Arméniens avaient tenté de se défendre à coups de pierres et de bâtons, mais désespérés de les vaincre, ils s'étaient jetés dans l'Euphrate plutôt que de tomber aux mains de l'ennemi. Le fleuve en déborda...

Des centaines d'Arméniens avaient été brûlés vifs étant imprégnés de pétrole. C'est le chef des Tchétas de Sam-Sat, Zeïnadi, qui est l'auteur de ce crime. Il en était fier et joyeux, fier d'avoir trouvé un nouveau moyen d'extermination, heureux de ce qu'il était responsable de la mort de centaines d'innocents.

Nous n'étions guère nombreux lorsque nous arrivâmes à Alep, c'est par miracle que j'étais en vie ! Trois mois de marche a été ma dernière souffrance. D'Alep je me rendis à Constantinople.

Les atrocités et les massacres commis de Trébizonde à Sam-Sat, retombent sur les personnes suivantes : Djémal Azmi, vali de Trébizonde ; Naïl Bey, membre du Comité « Ittihad » ; Ker Zadé Mustapha bey, policier qui se trouve actuellement à Constantinople et qui s'est enrichi énormément; Méhmed Ali, employé des douanes et bien d'autres encore.

Partout, le peuple turc a participé à l'extermination du peuple arménien, sans aucun scrupule et avec une joie méchante. Tous les jours, de la Sublime Porte, venaient des instructions qui engageaient à nous laisser mourir de faim. — Des enfants arméniens étaient mis en vente jusqu'à 20 paras ! Malgré toutes les horreurs que je décris dans ce récit, la réalité serait impossible à rendre. Elle est au-dessus de toute imagination humaine.

Récit de Boghos Dilavarian, orphelin âgé de 12 ans, originaire de Césarée.

Comme partout, en 1915, commencèrent les persécutions à Césarée contre les Arméniens.

D'abord, les notables de la ville furent arrêtés et emprisonnés sous de fausses accusations. La terreur régnait dans toutes les maisons ; pendant la nuit, nul n'osait allumer chez soi, ou simplement causer à haute voix. Des espions turcs épiaient aux portes et sous des prétextes les plus futiles arrêtaient et torturaient la population. Bientôt les notables de la ville furent pendus et la persécution s'étendit sur toutes les classes de la société arménienne.

La déportation commença, hommes et femmes étaient séparément expédiés; notre tour était arrivé; notre caravane, après avoir passé des nuits à la belle étoile arriva à Ouzoun-Keupri où nous nous arrêtâmes dans un han; il s'y trouvait, entassés, des déportés partis avant nous. A partir de cette étape, des brigands à cheval commencèrent à nous attaquer. Chaque fois qu'ils s'approchaient de notre caravane, les gendarmes disparaissaient. Ceux qui avaient de l'argent furent pillés et ceux qui résistaient, frappés. De sorte qu'arrivés à Tarsous, notre caravane était complètement dépouillée. Nous finîmes par atteindre Osmanié. Des milliers de tentes étaient dressées pour les déportés. La population vivait là dans la misère la plus noire. Les épidémies emportaient de 100 à 150 personnes par jour. Les pluies de novembre avaient déjà commencé, ce qui contribuait beaucoup à la mortalité. Les morts étaient jetés à quelques pas des tentes, non ensevelis, et la nuit, les hyènes venaient les dévorer.

La misère est inénarrable à Islaïé. Toutes sortes de maladies provenant de la famine et du froid emportaient des victimes sans nombre. C'est là que j'ai perdu ma mère et ma sœur et suis resté seul.

Arrivés à Katma, j'y rencontrai un ami qui me dit que ma grand'mère et mes deux tantes se trouvaient à Kilis. On me confia à une autre caravane qui allait dans cette direction. Je finis par les retrouver ; mais à peine nous étions-nous rencontrés, l'ordre de partir pour Bab nous vint. Nous avions déjà fait deux heures de marche quand nous rencontrâmes des tentes sous lesquelles il n'y avait que des cadavres. Nous avons vu aussi des femmes pendues par leurs cheveux, d'autres étaient enterrées en partie, la tête seule surgissait du sol ; sur un tronc d'arbre qu'on avait effilé comme une pique, une femme était empalée. La vue de cette suppliciée était terrifiante.

Nous arrivâmes au bord d'un fleuve. Une de mes tantes, qui était gravement malade, y fut abandonnée sur l'ordre des gendarmes. Sur l'eau et sur les deux rives, des cadavres sans nombre gisaient.

Quand nous arrivâmes à Bab, j'étais moi-même gravement malade. Nous fûmes enfermés dans une sorte d'écurie où les brigands ne tardèrent pas à nous attaquer, les gendarmes qui nous accompagnaient faisaient semblant de nous défendre en tirant des coups de fusil dans l'air ; non seulement ils ne faisaient rien pour nous défendre sérieusement, mais le lendemain ils exigèrent une forte somme en compensation des balles qu'ils avaient usées.

Ma grand'mère et ma tante furent séparées de moi et envoyées à Deïr-el-Zor. On me garda dans un hôpital et après ma guérison je me réfugiai dans une famille arabe où je restai six mois. On me nommait Abdo et je menais paître les deux chameaux. Dans mes promenades je rencontrais de petits camarades. Nous étions à peine vêtus. Un jour, rencontrant une caravane qui se dirigeait vers Alep, je me joignis à elle. A Alep, j'entrai à l'école du Père Aharon. Dans la journée je vendais des oranges et le soir je remettais mon gain à l'économe.

A quelque temps de là, nous fûmes transportés tous, orphelins au nombre de cinq cents, à Balikesser. Nous étions enfermés dans une école turque qui se trouvait dans l'enceinte de l'église arménienne. On ne nous laissait jamais sortir du bâtiment ; et la plupart d'entre nous avaient la gale. On nous prévint que nous serions islamisés, on m'appela Nouri.

Ne voulant pas devenir musulman, avec quatre de mes camarades nous nous mîmes en fuite escaladant un mur. Après quelques heures de marche en dehors de la ville, nous rencontrâmes des paysans qui nous indiquèrent une mine de boracite où des ouvriers arméniens travaillaient. Nous nous dirigeâmes vers cette mine où après avoir travaillé pendant quelques mois comme ouvriers, au mois d'octobre 1917, j'ai réussi à venir à Constantinople comme Turc avec un soldat arménien.

———

Récit de Monsieur Ohannès Mirdjanian, dentiste qui comme officier était allé jusqu'à Deïr-el-Zor.

...Le nombre des massacrés, dans la ville et ses environs, est de 120 à 150.000. Zégui-Bey, le Mutessarif de Deïr-el-Zor, est l'organisateur de ces massacres ; ses complices sont Ali-bey (chef des Tchétas), représentant de Deïr-el-Zor au Parlement et le féroce Turki-Mahmoud précédemment caïmacam de Ana et qui avait exterminé près de 10.000 Arméniens en les emprisonnant dans une caserne et les faisant mourir de faim et de soif. Tous ces sinistres assassins ont commis personnellement des exploits épouvantables.

Après avoir mis à nu des jeunes filles et des enfants, ils les prirent comme cibles pour faire des essais de tir.

Les déportés de Deïr-el-Zor furent massacrés dans des conditions atroces : ils furent brûlés vifs ou enterrés vivants ou encore privés de toute nourriture. Ce dernier procédé fut employé pour les jeunes filles et les enfants. Ces horribles brutes coupaient les seins des jeunes filles, puis les violaient. Les Arméniens, anéantis déjà par la vue des horreurs qui s'étaient succédées jusqu'à Deïr-el-Zor, affaiblis par la faim et les privations, sans armes, n'essayèrent aucune résistance.

Le récit d'un Turc.

Le professeur Vorpérian avait une belle jeune fille ; le chef de la Déportation la demande en mariage. Le professeur refuse de donner son consentement en lui disant :

« Tu peux prendre ma vie, tu peux prendre ma femme, ma fille, mais jamais m'arracher ma volonté... » Il fut torturé jusqu'à la mort tandis que sa fille se jetait dans la rivière.

Le prêtre de Kurd Bélen, Der Khoren, vieillard de 80 ans, marchait à la tête des déportés de sa paroisse. Les Turcs du village s'approchent de lui et lui disent avec ironie : « Eh! Prêtre, où vas-tu ainsi? Tu as l'air de conduire un enterrement. »

— En effet, répond le Prêtre, le bon Dieu est mort et je conduis son peuple abandonné.

Récit de Nounis Dilochlian, âgée de 14 ans, originaire de Tzitahokhe (vilayet d'Erzeroum).

...J'ai vu des hommes massacrés, des enfants jetés à l'eau, des femmes coupées en morceaux, de tous petits piétinés pendant la panique. Devant mes yeux les Turcs arrachèrent le nez de mon beau-frère avec des tenailles, il tomba mort. J'ai vu couper la tête de mon oncle après l'avoir mutilé. Un autre de mes oncles fut jeté dans un puits. Quant à moi je suis restée comme une esclave méprisée et par miracle je fus amenée à Constantinople.

Récit de Victoria Aïvazian, originaire de Brousse.

Malgré mon jeune âge, je fus déportée avec mes deux petits garçons et j'ai été envoyée à Konia, à Eneyli, puis à Bab. Par suite de la famine mes deux enfants moururent en route. Comme servante je servis dans plusieurs maisons turques. Toujours en butte à d'ignobles poursuites, je me réfugiai à Alep où je fus obligée d'entrer au service d'un Turc avec qui je suis venue à Constantinople. Il m'est impossible de décrire toutes les souffrances que j'ai subies et toutes les horreurs que j'ai vues. Je note quelques épisodes de cette vie infernale.

A Kadma, les Turcs étranglèrent un de mes parents après s'être emparés de sa fille Ripsimé. Ils la dévêtirent, la violèrent, la blessèrent et l'abandonnèrent à son sort. A Bab, Aroutioun Fennedekian fut tué sous la bastonnade ; ses trois garçons moururent d'effroi ; sa femme eut un coup d'apoplexie, sa fille Khonarig fut emportée par les Arabes. Aghavnie Khatchougian fut attaquée par douze Arabes qui la violèrent successivement pendant qu'elle était étendue comme morte, trois autres Arabes survinrent et recommencèrent à la violer. Ses deux frères furent tués à Deïr-el-Zor.

D'une lettre de H. Merguérian, envoyée d'Alep.

...Partis d'Adana, pendant que nous marchions des journées entières sous un soleil accablant d'été, tourmentés par la soif, les Turcs nous empêchaient de boire, même quand, à bout de force, nous voulions boire les eaux stagnantes des marécages. Un verre d'eau nous était vendu à cinq livres turques. Les dents en or étaient arrachées. Ces bourreaux impitoyables n'hésitent pas à fouiller dans les entrailles des femmes avec l'espoir d'y trouver de l'or... Les malades sont recouverts de neige, car c'est l'hiver; des surveillants de déportation, prétextant un départ prochain, viennent détruire les tentes, de sorte que les malheureux déportés restent sans abri.

Je peux citer sans fin de pareilles histoires. Il y eut des parents qui mangèrent le cadavre de leurs enfants. De petits affamés se disputaient un grain d'avoine dans les excréments des bêtes. Toutes les routes étaient jonchées de cadavres d'Arméniens. La faim, le typhus, toutes sortes de maladies contagieuses, le froid, la souffrance, la saleté et la peur ont achevé l'œuvre des massacreurs.

Madame Kanlian, de Trébizonde, raconte que sa fille était à l'agonie quand les Turcs vinrent l'arracher de force de son lit et la conduisirent jusqu'à l'église. Là, elle tomba évanouie. Malgré les supplications de sa famille, ils l'ont forcée à marcher avec les autres, mais voyant qu'elle n'arrivait pas à suivre le convoi, ils la tuèrent à coups de fusil.

Récit de Mademoiselle Armènouhi Torikian de Samsoun.

La déportation générale commença le 24 juillet, des proclamations sur les murs l'annoncèrent à la population.

Des gendarmes cernèrent les rues pour

couper les communications et chaque jour uns soixantaine de familles se mettaient en route pour Mossoul.

A Tchaklalegue nous rencontrâmes les caravanes qui étaient parties avant nous et nous nous dirigeâmes vers Tokat dans un état de frayeur difficile à imaginer. Arrivés au lieu nommé Tchamb-dérch, nous fûmes attaqués. Les Turcs, après avoir séparé les hommes, les conduisirent à la mort. Les femmes étaient emportées dans les montagnes et violées. Toute résistance était inutile car elle était aussitôt réduite par des coups d'épée et de bâton. Les Turcs abandonnaient les femmes violées, dans un état de nudité presque complet, d'autres étaient précipitées dans des gouffres affreux. Nous avons vu à Tourkhal les cadavres mutilés du Vartabed de Samsoun et des notables de la ville.

Charkla était une étape principale ; les déportés y étaient réunis et de là dispersés par groupes pour des destinations inconnues. Les Turcs choisissaient les plus belles filles

et les gardaient dans l'école arménienne.
Les musulmans des environs venaient choisir pour les emporter. Le caïmacam et
ses acolytes se réunissaient tous les soirs
et organisaient des orgies pendant qu'ils
forçaient les jeunes arméniennes à danser
toutes nues ; celles qui refusaient d'obéir
étaient tuées sous la bastonnade. Uu jour,
tous les petits garçons furent ramassés et
emportés, un de ces pauvres petits retourna
horrifié et raconta que tous les petits ont
été assassinés ; lui s'était réfugié derrière
une pierre et avait réussi à se sauver.

Au commencement du mois d'octobre on
nous ordonna de partir de Charkechla, sans
toutefois manquer de nous avertir que celles
qui pouvaient disposer d'argent pourraient
être libérées de l'exil. Nous avions donné
ce que nous avions pu, mais au bout de trois
heures on ne manqua pas à nous mettre
aussi en route. Nous avions formé une caravane de 11.000 personnes dans laquelle
il n'y avait, du sexe masculin, qu'une ving-
taine de vieillards. On nous mit en route

avec une telle hâte que nous avions
perdu tous nos misérables bagages. Une
pluie torrentielle nous surprit. La diarrhée
commença à sévir et nous laissions conti-
nuellement en route des morts qui étaient
dévorés par les chiens Un jour, les Turcs
emportèrent les vieillards qui étaient restés
dans nos caravanes, pour les massacrer.
Pendant notre horrible voyage on ne nous
laissait jamais entrer dans les villes ; nous
passions toujours par les montagnes, les ravins et rarement par les villages. Partout
la population turque nous traitait avec
haine et mépris. Les gendarmes qui nous
accompagnaient faisait souvent arrêter la
caravane en route et, choisissant quelques
personnes, faisaient des essais de tir pour se
distraire. Des Tchétas nous attaquèrent
souvent pour violer et pour tuer, et plusieurs femmes de notre caravane étaient
arrivées à un tel paroxysme de désespoir
qu'elles tuaient leurs propres enfants en
bas âge ou les jetaient dans les précipices ou
dans le fleuve.

C'est par miracle que j'ai réussi à arriver à Alep ; j'avais perdu mes parents, on me raconta que mon frère Garabed avec 440 soldats arméniens avaient été conduits à l'endroit appelé Han de Tchiftélit et tué avec les autres.

Mademoiselle Youghaper Djeknavorian, de Trébizonde, raconte :

Mon père était orfèvre, notre famille vivait dans l'aisance, Notre vie si paisible fut interrompue par les persécutions arméniennes qui commencèrent dès le mois de juin de 1915. Une partie des notables fut embarquée et noyée dans la mer ; le reste de la population mâle fut transporté à une demi-heure de la ville au couvent Saint-Sauveur où ils furent impitoyablement massacrés. Les parents appréhendaient le danger pour leurs enfants et les confièrent soit au collège américain à Mrs. Crawford, soit à l'évêché grec. Ma mère me confia à l'église grecque et nous fûmes ainsi séparées. Le lendemain même, ma pauvre maman devait prendre la route de l'exil ; depuis je n'ai jamais pu avoir de ses nouvelles...

Le gouvernement ne tarda pas à nous enlever de nos refuges ; nous vivions dans une terreur continuelle, on nous classait comme de vils esclaves d'après nos âges et notre beauté physique. Nous étions sous la surveillance des Turcs qui nous gardaient affamés. Plusieurs des enfants en bas âge moururent sous nos yeux. Les garçons de 6 à 7 ans furent envoyés à une destination qui nous est restée inconnue. Plusieurs de mes compagnes étaient déjà envoyées dans des familles turques où elles étaient adoptées comme servantes.

Mon tour vint et avec une amie je fus conduite dans la maison d'Azmi-bey, le sinistre vali de Trébizonde. Mon amie y mourut par la maladie ; une autre fillette lui succéda. On nous faisait travailler impitoyablement jour et nuit. Les trois enfants d'Azmi-bey nous traitaient en esclaves.

Nous devions servir le moindre de leurs caprices et vivement, sinon nous étions battus. Le fils cadet du vali Azmi, âgé de 12 ans, ne cessait de tourmenter une fillette arménienne de 6 à 7 années, qui recevait aussi l'hospitalité chez ces Turcs.

Il nous était défendu de lire un livre arménien et si par hasard on nous en trouvait, ces trois monstres nous battaient. Quand le vali se rendit à Ordou, il nous emmena avec sa famille. Là, aucune trace d'Arméniens. Après une année de séjour, Azmi-bey, nous emmena avec lui à Constantinople. Nous y restâmes jusqu'à la fin des hostilités, mais quand Azmi-bey, appelé à Berlin, partit, je m'enfuis...

———

Récit de Mademoiselle Yéranik Saraphian de Nidé :

Tambour battant les Turcs nous annoncèrent l'ordre de la déportation des Arméniens de notre ville. Il m'est impossible de raconter les souffrances que nous endurâmes en route. Je me contenterai d'affirmer que jusqu'à notre arrivée à Alep sur les deux côtés de la route, les champs étaient littéralement couverts de cadavres et de débris humains.

A peine arrivés à Alep, on nous expédia à Raka pour nous retourner encore à Alep quelques jours après. Plusieurs personnes de notre convoï, ne pouvant supporter les fatigues du voyage et surtout la faim, succombèrent en route. Ma pauvre mère et mon pauvre père furent du nombre de ces malheureux. Vous me croiriez avec peine si je vous disais que nous nous nourrissions d'herbe, de cadavres de bêtes, âne, cheval, chien, n'importe ! mais, on attendait aussi la mort de quelqu'un pour manger sa chair ! Nous avons subi les attaques des Tchétas qui nous laissèrent dans un dénûment complet. Un officier turc me prit à son service et m'emmena à Constantinople. En route on me força d'abjurer ma religion, on me donna le nom musulman Loutfié. L'officier, bourreau avec qui je fus forcée de me marier après maintes résistances inutiles, se nomme Saïd Effendi. Je vous en prie, sauvez-moi !

L'évêque d'Erzeroum, Monseigneur Sempat, fut amené au cimetière d'Erzinghian, où on le força de creuser sa fosse, après quoi on le fit mettre à nu, les Turcs le mutilèrent, lui coupèrent bras, jambes, lèvres, nez, lui crevèrent les yeux, brûlèrent la barbe et après toutes ces tortures lui donnant un coup de fusil, le jetèrent dans sa fosse.

Au moment de la panique, un jeune aveugle d'Arabkir avait perdu sa mère et la cherchait. Les Turcs, les féroces Turcs, trouvant là un sujet d'amusement, après l'avoir bruyamment raillé, le tuèrent à coups de fusil.

Madame Saténik Garabédian, originaire d'Erzeroum, exilée à Mossoul, raconte ses souffrances.

Nos caravanes allaient d'Erzeroum à Baïbourt en piétinant des cadavres. En route nous rencontrions des femmes, des enfants à l'agonie qui imploraient notre secours. A Eghine au bord de l'Euphrate, une multitude de femmes et d'enfants affolés, couverts de poux, hagards, nous regardaient passer sans nous voir. Beaucoup s'étaient jetés à l'eau. D'autres s'étaient tapis dans les cavernes et avaient perdu l'usage de la parole. A chaque pas nous luttions contre la mort.

A partir d'Arabkir la plaine était recouverte de cadavres. La couleur rouge vif dominait. C'était la couleur des tabliers que les villageoises d'Erzeroum ont coutume de porter, Il y avait des cadavres d'hommes. Ces malheureux s'étaient sans doute livrés à une lutte suprême puisque la terre où ils étaient tombés avait été fortement piétinée. Des monceaux de cadavres partout ! Sous le pont de Gumuch-maden, un enfant de 6 ans restait accroché aux loques de celle qui avait été sa mère ; il ne voulait pas s'en séparer. Les eaux de Gumuchmaden emportaient dans leur courant des débris humains et des chevelures de femmes.

Les hommes de notre caravane étaient depuis longtemps massacrés. Nous n'avions qu'une centaine de vieillards et ceux-là aussi durent, sous l'ordre des Turcs, creuser leur fosse ; après quoi ils furent fusillés. Les malades étaient jetés à l'eau, ils étaient considérés comme trop encombrants. Les femmes étaient sous la menace continuelle d'être jetées à l'eau, emprisonnées dans des sacs. C'était là un fait auquel les gendarmes se livraient pour s'amuser. De Kharpout à Diarbékir nous fûmes livrés aux Tchétas ; les jeunes filles de notre caravane furent enlevées et conduites dans des harems. Celles qui résistaient, tuées, lapidées. La plupart de ces jeunes filles après avoir été violées furent vendues aux Arabes à des prix dérisoires.

Nos bourreaux forçaient les femmes qui se trouvaient dans une grossesse avancée à marcher aussi rapidement que nous autres. Ils ne les laissaient par arriver à terme. Par des moyens grossiers ils les faisaient avorter et se réjouissaient férocement en contemplant leurs souffrances. C'est dans ces conditions et à moitié morte que j'arrivai à Mossoul.

———

La population arménienne de Mouch ne fut pas déportée, mais elle fut massacrée et brûlée vive. Les écuries remplies de paille imbibée de pétrole servirent d'autodafés à plusieurs milliers d'êtres humains. Dans le village Garni plus de deux mille femmes et enfants des deux sexes furent brûlés. Dans le ravin de Havadvorik plus de 600 Arméniens furent martyrisés ; les Turcs enlevaient les cloches des églises et les remplaçaient par des chiens pendus comme insulte à la chrétienté.

Le portail antique et célèbre du couvent d'Arakélotz fut envoyé à Constantinople pour être offert à la mosquée Ouchi, mais les Allemands l'achetèrent et l'envoyèrent en Allemagne.

Le promoteur de ces massacres était le sous-gouverneur, Vassid Bey. Ce fut lui aussi qui ordonna le martyr du Très Révérend Père Vartan Hagopian.

*
* *

Le Mutessarif d'Erzinghian, Mahmoud Bey, près de la ville, à Mamakhatoun-Terdjan, fit creuser une grande fosse et y fit enterrer vivant 450 enfants. Un de ces malheureux ayant demandé à boire, on lui remplit la bouche de terre.

Ce fut le même monstre qui à Erzinghian organisa un banquet au bord de l'Euphrate pour jouir avec ses acolytes du spectacle d'un fleuve charriant des cadavres humains.

*
* *

Par suite de l'engorgement des rivières d'Arménie par les cadavres, les moulins n'avaient pu fonctionner, par endroit les rivières étaient rouges du sang répandu. A Mossoul, pendant trois mois il fut impossible de boire de l'eau de l'Euphrate.

*
* *

La caravane des déportés était partie depuis deux jours d'Erzinghian.

Le député Halet-Bey, au moment où il se rendait à sa villégiature de Guémakh en voiture, aperçut de loin au bord de l'eau un attroupement.

C'était des centaines d'enfants qui pleuraient et criaient sous la surveillance des gendarmes.

Halet-Bey apprend que les parents de ces enfants avaient été massacrés et jetés à l'eau. Les gendarmes ne savaient qu'en faire. Halet-Bey, revolver au poing, ordonne

de jeter les enfants à la rivière. Une fois
son ordre accompli, il retourne tranquille-
ment vers sa voiture et continue son chemin.

Cet homme, jusqu'à la clôture du Parlement, occupa sa place dans la Chambre
des Députés et fut du nombre de ceux qui
formèrent une Cour pour juger les criminels.
Ce fut lui-même qui raconta son exploit
à Constantinople à Chefket Bey, originaire
d'Erzinghian.

*
* *

Une Arménienne islamisée, originaire de
Trébizonde, mêlée à la foule turque, devint
le témoin oculaire des tortures d'un prisonnier.

C'était un Arménien d'Inébolou, âgé
de 45 ans ; on lui presse les pieds, on met
des œufs bouillants sous les aisselles, on
lui donne des coups à la tête avec du fer
rougi, ensuite on le fait asseoir en lui mon-
trant deux pendus, puis ils se mettent à
lui arracher les muscles avec des tenailles.
Comme le prisonnier s'obstinait à ne pas

pousser un cri de douleur, les Turcs vociférent : « Tu ne dis rien, ghiaour, tu rêves encore de voir l'Arménie ! Nous te la ferons voir ! » En disant ces mots ils lui crèvent les yeux. Enfin il succomba ; et le cadavre de ce malheureux fut traîné au pied d'une montagne où il fut dévoré par les chiens.

Une autre Arménienne islamisée raconte ce qui suit :

Notre hanoum, à part moi, avait pris une autre Arménienne orpheline; elle nous donnait très peu à manger. Un jour la petite se plaignit à une voisine en lui demandant du pain. Notre hanoum, blessée dans son amour-propre, raconta le fait à son mari. Celui-ci pour punir la petite la mit à nu, et commença à lui donner des coups de fouet ; puis la forçant à tirer la langue il la lui brûla avec des pinces rougies en lui disant que de cette façon elle ne répandrait plus les secrets de la maison.

Ephrem Mardirossian, des Dardanelles, écrit à son ami, Monsieur Adjémian.

Pendant notre exil un Turc vint et me demanda de force ma fille Autié en mariage. Refuser, c'était la mort de tout le monde. Nous consentîmes donc.

A peine arrivés à Raka, le commandant de gendarmerie Eumer, se présenta et dit : « Je veux ta fille Ramélah, sinon !... » C'était ma seconde fille que l'on me voulait. Nous avons tant supplié, tant pleuré... sans résultat. Hélas ! C'est le cas de tant de personnes.

Le mudir du village de Binnegueul, (Sivas), Ismaël Hakki, arrache la barbe d'un prêtre, lui frappe la tête contre le mur et foule la Bible sous ses pieds en criant : « C'est moi votre Dieu ! Si vous en avez un autre, qu'il me punisse, qu'il vous délivre de mes mains. »

Les Arméniens déportés de ce village étaient de 1.200. Jusqu'à Adana il n'en restait que 500, dont la plupart étaient devenus fous ne pouvant supporter la vue de tant d'horreurs.

Dans la province de Brousse, au village d'Atanas, les Turcs groupent 300 Arméniens choisis parmi les notables et les intellectuels, les obligent à creuser leur fosse et les fusillent après.

Comme partout, à Kirchéïr il était recommandé aux Mollah et aux Hodja de prêcher que proposer l'apostasie et rendre musulman un chrétien est une œuvre agréable à Dieu.

C'est à Kirchéïr, qu'un Hodja nommé Mondjour avait tué 57 hommes, femmes et enfants, et jeté leurs têtes dans un puits.

A Malatia, les Turcs conduisent un enfant de 12 ans, islamisé, originaire de Samsoun, près d'un puits plein de cadavres et lui disent : « Regarde dans ce puits, ce sont les cadavres de ta mère et de tes sœurs. » Puis en lui donnant un couteau dans la main et lui présentant une fillette de 3 ans, ils lui ordonnent de la tuer, afin d'exercer sa qualité de Turc. Le pauvre enfant perd connaissance et devient idiot. Il se trouve actuellement à Constantinople.

Près de Césarée, les Turcs assemblent dans un bâtiment plusieurs enfants. Ils appellent leurs mères et leur disent de reconnaître leurs enfants et de les reprendre. A peine se reconnaissent-ils et poussent-ils des cris de joie, qu'ils sont surpris par les flammes. Le bâtiment flambait !

Au mois d'octobre 1915, près de Yozgat, à l'endroit nommé Kaule-déré, sont assemblés 6.400 femmes et enfants. Sous l'instigation du gouvernement, la foule turque vint les massacrer à coups de hache et de couteau.

Après quoi ils fouillèrent dans les entrailles des cadavres avec l'espoir d'y trouver de l'or. Ces malheureuses avaient coutume de l'avaler afin de le soustraire au vol. Les biens de ces femmes furent accaparés par les membres du club « Ittihad » et du commandant de la gendarmerie nommé Chukri.

*
* *

Le 20 juin 1916, un massacre épouvantable eut lieu, les 10.000 ouvriers arméniens qui travaillaient sur la ligne de chemin de fer de la chaîne de montagnes Amanos, furent mis à mort.

Ces ouvriers devaient prendre la route de l'exil. Ils se trouvaient entre Baghché et Marach. Par ordre du commandant de la gendarmerie d'Adana. Avni-bey (qui se trouve actuellement à Smyrne avec les mêmes fonctions) 2.000 personnes furent assassinées dans quelques heures. Et chaque assassin avait 10 piastres par tête !

Ceux des Arméniens qui avaient pu se réfugier dans les forêts avoisinantes furent exterminés par les gendarmes qui avaient fonction de poursuivre les déserteurs.

Avni-bey est retourné de Marach à Adana avec 15.000 livres turques, résultat de ce pillage.

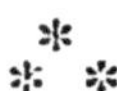

Dans les forêts environnant Yozghat quelques dizaines d'Arméniens s'étaient réfugiés dans une caverne ; ils y sont morts asphyxiés, parce que les Turcs, découvrant leur retraite, avaient emmuré l'entrée.

C'étaient des faits ordinaires que d'empêcher les déportés de se désaltérer, de les empêcher d'acheter du pain ; de leur défendre de pleurer leur deuil, de fustiger

les mères pour les empêcher de se lamenter
à propos de l'enlèvement de leurs filles ;
de violer la fille devant la mère et de la
tuer ensuite ; de tuer le mari ou le frère
sous les yeux de sa femme et de sa sœur ;
d'arracher l'enfant des bras de sa mère et
de lui écraser la tête sur un rocher ou de
l'embrocher sur une baïonnette.

*
* *

Plusieurs familles arméniennes à Ordou
et à Kirassounde, en prévision du déshon-
neur et de la mort ignominieuse sur la route
de l'exil, avaient pris du poison. Quelques-
uns se suicidèrent à coups de revolver. Le
mari tuait sa femme, le fils son père, le frère
sa sœur ou le père ses enfants.

*
* *

A Sivas, 400 enfant sâgés de 2 à 6 ans
sont assemblés par les Turcs dans un bâtiment avec l'intention d'y être soignés.

Mais comme ces pauvres enfants ne cessaient de crier, de pleurer, de réclamer leur mère, par ordre du vali Moamer, ils sont tués par une soupe de lentilles empoisonnée.

A Ourfa, des centaines de jeunes filles arméniennes sont brûlées vives, enduites de pétrole, en présence des officiers allemands. La population arménienne d'Ourfa avait eu le courage de se défendre et de résister, l'arme en main, à la foule et à l'armée turques. C'étaient les officiers allemands qui avaient conseillé aux Turcs de bombarder et de détruire les quartiers arméniens pour rompre leur résistance. Cet événement a eu lieu aux mois d'août et septembre 1915.

Les soldats-ouvriers de Sivas et des environs furent assemblés à l'école de Chiffa.

Le lendemain, pendant que les soldats

turcs et grecs y restaient, les 1.800 soldats arméniens sont mis en route vers Bozanti sous prétexte d'aller construire la voie ferrée.

La caravane partit tambour battant sous la surveillance des gendarmes et accompagnée de quelques membres d'« Ittihad ». Une fois sortis de la ville, tous ces malheureux soldats sont massacrés par les gendarmes et quelques jours après leurs vêtements sont mis en vente par leurs bourreaux.

À Trébizonde, la femme du Dr Aslanian, après l'exil de son mari reste à la disposition de deux médecins turcs qui veulent la prendre en mariage. Elle refuse les deux. Le fait parvient au vali qui appelle Mme Aslanian et après l'avoir interrogée, ordonne qu'elle soit jetée la mer. Ce qui est accompli immédiatement malgré les supplications de la femme et les lamentations de ses enfants.

*
* *

Sali-Zéki, de Déïr-el-Zor, si tristement renommé, en passant à cheval aperçoit un enfant sous les pieds de sa monture, il s'en empare et le montre à la foule en criant : « Fils de vipère, on ne donne pas d'importance à cette petite chose, mais il deviendra une vipère à son tour. »

Après quoi, il le tue à coup d'épée.

*
* *

A Déïr-el-Zor une centaine d'Arméniens étaient enfermés dans l'école grecque. Les Turcs la cernèrent. Ils les laissèrent mourir de faim et de soif et toutes les fois qu'ils entendaient leurs cris d'agonie, les Turcs disaient : « Ce serait dommage d'user des balles pour des ghiaours ! »

*
* *

Le prêtre Félékian, d'Everek, est torturé sous une presse, chaque jour les Turcs serrent de plus en plus la presse. Des gouttes de sang suintent de tous ses pores ; c'est ainsi qu'est mort un prêtre chrétien au XXe siècle.

***

Entre Adana et Alep, dans le ravin appelé Tentarlou-boghaze, des Tchétas se ruent sur une colonne de déportés et après les avoir pillés, ils enchaînent les hommes et commencent à violer sous leurs yeux les femmes et les jeunes filles de la caravane en ne cessant de crier : « C'est le règne d'Enver, c'est ainsi que nous déshonorerons toute la nation arménienne. Que vos amis les Français et les Anglais viennent vous délivrer ! »

***

Près de Mossoul, ainsi que dans d'autres localités, les belles filles sont menées la nuit de village en village comme un vil troupeau d'esclaves.

**
* *

Près de Baïbourt, les Turcs coupent les doigts de pied de plusieurs jeunes arméniennes et ensuite enterrent celles-ci toutes vivantes dans une fosse. Pendant deux jours, la terre, étant molle, palpita, et quatre sentinelles veillaient afin qu'elles ne pussent s'évader.

Ara Péniamin Toriguian raconte ce qui suit :

Ma pauvre sœur Loussaper Toriguian était infirmière et avait fait ses études à Londres. Pendant 25 ans elle avait servi avec dévouement et sans distinction Turcs et Arméniens. Pendant la déportation de Marzovan elle ne cessa de soulager tous ceux qui avaient besoin d'aide. Elle soigna les femmes du Caïmacam et du commandant de Marzovan. Les soldats turcs venaient du front du Caucase pour se faire soigner par elle. Malgré tous les services rendus aux Turcs, elle fut exilée avec toute la population. J'ai eu de ses nouvelles par M. Meguerditch Andréassian qui l'avait vue au bord de l'Euphrate, presque nue, affamée, gravement malade. Elle est sûrement morte. J'ai demandé au commandant de Marzovan que je vis à Constantinople : « Pourquoi n'avez-vous pas épargné ma sœur ? » —Elle n'avait qu'à devenir musulmane, me répondit-il.

Récit de Madame Gadarinée Dadourian exilée de Gurine à Deïr-el-Zor et retournée à Constantinople après l'armistice.

La déportation des Arméniens de Gurine fut accomplie dans les mêmes conditions que partout ailleurs.

Jusqu'à Deïr-el-Zor notre route représentait la vue d'une immense hécatombe. Heureusement, mon mari se trouvait déjà en Amérique. J'ai pris la route de l'exil avec mes cinq enfants, dont trois moururent en route et les deux autres à Deïrel-Zor. Au début, on nous laissa tranquilles, mais le Mutessarif étant destitué, le monstre Zéki lui succéda et les massacres de 1916 commencèrent.

Comme il n'était pas aisé d'assassiner une cinquantaine de mille d'Arméniens à la fois, d'autant plus que deux femmes de Zeïtoun avaient tué quatre Tchétas pour se défendre, les Turcs groupèrent séparément les Arméniens afin de prévenir toute nouvelle tentative.

Une fois par semaine, des groupes de trois à quatre mille Arméniens, sous prétexte de les transporter ailleurs, étaient éloignés de la ville et exterminés. Le fleuve Mourad fut comblé de cadavres ; une escorte de soldats-ouvriers fut appelée sur les lieux pour dégager le fleuve dont le cours se trouvait arrêté. Les enfants de ces martyrs furent assemblés dans un orphelinat ; ils étaient au moins 6.000. Des crieurs publics avertissaient que tout Arabe qui aurait abrité dans

sa maison des Arméniens, serait pendu.
On était autorisé de garder des femmes
seulement, sans enfants, et comme servantes.

J'étais dans la dernière caravane qui sor-
tait de la ville ; nous savions qu'on nous
conduisait à la mort. Après deux heures
de marche, on nous fit arrêter au pied d'une
colline. Les Turcs amenaient des femmes
par groupes vers les hauteurs. Nous ne
savions pas ce qui se passait là-bas. Mon
tour aussi arriva ; tenant par les mains
mes deux enfants, je montais le calvaire.
Horreur ! Il y avait là un puits largement
ouvert où les bourreaux jetaient immédiatement les femmes qu'ils poignardaient.
J'ai reçu un coup d'épée sur la tête, un
autre sur la nuque ; mes yeux se voilèrent
au moment où j'étais précipitée dans le
puits avec mes enfants. J'étais sur un tas
de cadavres humides de sang. La blessure
que j'avais à la tête saignait et j'avais la
figure ensanglantée.

J'eus à peine la force de me traîner vers
une cavité du puits, où je perdis connais-

sance. Quand je repris mes sens j'étais dans une maison arabe. Après le départ des Turcs, des femmes arabes étaient venues fouiller dans les cadavres avec l'espoir d'y trouver des survivants. C'est ainsi qu'elles m'avaient trouvée et voyant que j'étais en vie, elles m'avaient sauvée. Dès lors je suis restée dans cette famille comme servante.

J'étais anxieuse du sort de mes enfants, les Arabes me dirent qu'ils avaient été recueillis par d'autres Arabes ; je les ai cherchés et ne les ai point trouvés. Comme les orphelins étaient transportés à Contantinople, je m'y rendis avec l'espoir de les trouver. Ils ont dû périr, puisque le jour de la fête de Baïram, les Turcs avaient emmené les milliers d'enfants de Deïr-el-Zor en dehors de la ville, où ils furent brûlés vifs. Quelques enfants seulement avaient survécu en se jetant dans l'Euphrate, d'où ils avaient gagné l'autre rive.

Les combats héroïques de Chabine-Ka-rahissar. (Récit de Madame Zabel Bourna-zian, témoin oculaire).

C'était dans les premiers jours de mars 1915, le commandant d'un détachement de 400 volontaires turcs s'adressa au prêtre du village Pourk (200 habitants, aux environs d'Endiress) lui demandant de ravitailler et de garder ses hommes pendant trois jours.

Les villageois arméniens les ravitaillèrent non pas trois jours, mais toute une quinzaine. Mais quand les provisions furent épuisées, le Moukhtar et le Prêtre se trouvèrent obligés d'annoncer qu'ils n'étaient plus en état de ravitailler les soldats turcs. Alors, le commandant des tchétas les fit fouetter à sang. Les jeunes gens du village, indignés, intervinrent. Les volontaires prirent les armes et un Arménien fut tué ; cet incident provoqua une rixe entre Arméniens et Turcs. Elle dura vingt-quatre heures et ne prit fin que par l'intervention du caïmacam d'Endiress. Les armes des Arméniens furent confisquées, et ceux qui les possédaient, emprisonnés.

Toutes sortes de tortures furent imaginées pour obliger les jeunes gens emprisonnés à faire des aveux sur la provenance de ces armes. Un jeune homme nommé Chahnazar, ne pouvant supporter les tortures, dénonça les membres du comité Tachnakiste de Karahissar : H. Karagozian, V. Hussussian et le frère Loukas. Ceux-ci, avertis, se trouvèrent dans la nécessité de se cacher. Cependant les Turcs arrêtèrent, en l'absence de son fils, le père de Hussussian et d'autres personnalités qui, après avoir été emprisonnées pendant quelques jours, furent livrés au sanguinaire Mouammer, vali de Sivas.

Le vieux Hussussian fut pendu et les autres fusillés. Pendant ce temps, sur un télégramme mensonger d'après quoi, le Père Vaghinak était appelé au Patriarcat de Constantinople, le malheureux prélat fut emprisonné à Endiress et tué dans d'horribles tortures.

Après quelques jours de calme, les Turcs cernèrent le Tach-han de Karahissar et deux cents des notables arméniens furent arrêtés. Ils furent gardés dans des cachots pendant dix jours, après quoi, sous prétexte de les envoyer en exil, les Turcs les assassinèrent. Une partie de ces prisonniers furent fusillés sur les rives du fleuve Kaïl et une partie jetés à l'eau. Parmi les prisonniers, un jeune homme nommé Karnig Beylerian arracha l'arme d'un gendarme et le tua net ; tandis que son frère Sénékérim faisait des tentatives stériles de défense, n'ayant pour toute arme qu'un canif. Malheureusement, étant cernés de toutes parts, ces tentatives partielles de défense n'ont eu aucun résultat. Ardachès Bournazian, Sétrak Hussussian et autres, seuls, réussirent à s'enfuir et à se réfugier à la forteresse. La nouvelle de ces cruautés se répandant dans la ville, les comités des Tachnakistes et des Hentchakistes Réformés tinrent une séance dans laquelle fut décidé de se réfugier à la forteresse et de se mettre en défense.

Immédiatement des circulaires furent envoyées à tous les membres de ces partis et la retraite des Arméniens de Karahissar (mille maisons) fut effectuée dans la nuit. Personne n'eut d'hésitation à obéir à cet ordre, bien que la montée à la forteresse fût très pénible pour les enfants, les femmes et les vieillards. Des sentinelles arméniennes étaient en faction sur la route. Chaque Arménien possédait le mot d'ordre « Troutzik » qui était chuchoté à chaque rencontre des sentinelles.

Avec mon bébé de sept mois, attaché sur mon dos, je suivais avec grande difficulté la colonne. Etant faible, je ne me croyais pas capable de faire une pareille marche ; mais nos vaillants jeunes gens étaient partout en position et tout en veillant ils nous aidaient le plus qu'ils pouvaient. Nous arrivâmes enfin à l'église arménienne située au pied de la forteresse. Nous prîmes là du repos. Ensuite vint l'ordre de continuer la montée afin d'arriver à la forteresse avant la pointe du jour.

Au matin, les Turcs furent bien surpris de trouver les quartiers arméniens évacués !

Quand les Turcs apprirent notre retraite, ils commencèrent immédiatement l'attaque. Le combat entre nos braves défenseurs et l'ennemi était inégal, mais chaque homme armé était convaincu que mieux valait mourir que d'abandonner son poste.

La situation était désespérée. Nul ne s'illusionnait, mais tout le monde, hommes et femmes, avaient décidé de mourir plutôt que de tomber dans les mains de l'indigne ennemi.

Nous avons appris que le vali de Sivas avait ordonné d'incendier les maisons des Arméniens et de faire pendre tout musulman qui n'obéirait pas à l'exécution de cet ordre.

Après les premières fusillades, nous aperçûmes que la forteresse était cernée par des hordes turques venues de toutes parts sur l'ordre du Mutessarif. Les balles tombaient sur nous comme la pluie. Nous étions abasourdis par le bruit de la fusillade. Nos défenseurs en position, sur tous les passages, répondaient avec succès au feu de l'ennemi. Les combats durèrent quinze jours sans interruption, quand les renforts arrivèrent aux Turcs ; six mille réguliers venus d'Erzeroum avec des canons de calibres 7 à 7 1/2, le chef des Tchétas, Firidin Topal Ossman, avec 150 criminels relâchés des prisons vint rejoindre les forces d'Erzeroum et aussi le commandant de garnison de Kirassounde avec quelques centaines d'hommes. Les Turcs, renforcés de cette façon, recommencèrent l'attaque. Plusieurs fois ils essayèrent d'arriver à nos hauteurs en se servant de grenades, mais la défense héroïque de nos hommes les força de se replier avec des pertes importantes.

Comment nous nous étions organisés dans la forteresse ? En vérité, nous, les survivants, nous n'oublierons jamais ces jours d'angoisse et d'héroïsme pendant lesquels, avec des larmes de fierté, nous avons senti l'esprit de résistance, de persévérance et de sacrifice qui n'a jamais fait défaut à nos défenseurs.

Ceux des Arméniens qui avaient déserté l'armée turque en refusant de servir la cause de l'ennemi étaient aux avant-gardes et combattaient comme des lions pour défendre la vie et l'honneur des leurs. Les membres de tous les partis se réunissant prirent de nouvelles dispositions pour faire face à la position. Après avoir examiné les positions de la forteresse, ils jugèrent nécessaire de barricader les passages, et pour exécuter leurs plans d'action, ils firent appel à chacun pour les seconder. Les femmes, les jeunes filles et même les enfants passaient de main en main les pierres et les matériaux nécessaires pour la construction des murs ; après quoi on a désigné les hommes qui devaient rester dans ces positions en faction.

Hemaïak Karagueuzian, avec ses hommes, gardait l'entrée de la forteresse. Des postes importants étaient confiés aussi à Léon Karagueuzian, à Vahan Hussussian, à Ardachès, Ohannès et Nubar Bournazian, à Krikor Vartanian, aux trois frères Tutundjian, à Avak Toudikian, à Antranik Vartanian, à Yeznik Odabachian. Le chef de tous les combattants était le frère Loukas; c'était un « fédaï » qui sous l'ancien régime avait été condamné à la détention perpétuelle et, après avoir passé 27 années dans les prisons de Sivas, il fut libéré aux jours où la constitution fut proclamée. Le « frère Loukas » n'avait pas été d'avis de se retirer à la forteresse, il préférait un autre plan de combat; c'était de se rencontrer avec les Turcs sur un front plus large pour pouvoir, au cas échéant, couper l'armée désordonnée des Turcs et aller se joindre à l'armée russe que l'on croyait proche. Mais les événements n'avaient pas laissé le temps de discussion et nous fûmes forcés de nous réfugier à la forteresse.

Toute notre force était composée de huit cents personnes armées. Il était nécessaire de garder les sept passages principaux ; n'ayant pas de téléphone, les enfants de 10 à 11 ans, des deux sexes, étaient chargés d'établir la communication d'une position à l'autre. Aussitôt qu'une position était avertie que l'ennemi apparaissait d'un côté, les hommes de la position menacée recevaient les munitions. La décharge s'activait et les cadavres des Turcs roulaient sur les flancs de la colline.

En même temps que l'organisation de la défense, il était important de s'occuper du ravitaillement des réfugiés. Il n'était pas facile pour les enfants, les femmes, les vieillards de passer des semaines entières en plein air. Tout le monde se mit à ramasser des pierres et former des huttes pour y abriter sa famille. La fraternité était tellement entière qu'on s'entr'aidait tout naturellement. Chacun avait confié sa provision de bouche au chef, et une distribution égale et régulière fut établie. Pendant 24 jours chacun recevait 100 grammes de pain plat, une portion de viande, de sucre et de grains de blé bouilli et la distribution se faisait avec une telle discipline que personne n'eut à s'en plaindre.

Le plus difficile était le manque d'eau. Nous découvrîmes une caverne nommée Sar-Sarnitch où l'on espérait trouver l'eau en creusant la terre. Nous nous mîmes immédiatement au travail, mais l'eau que nous trouvâmes dans les profondeurs de la terre était bien insuffisante.

Parfois, la nuit, nous nous trouvions dans la nécessité de construire une nouvelle barricade. Les gens de tout âge se mettaient immédiatement à l'œuvre et la construction murait le côté menacé avec une rapidité extraordinaire. Au matin, l'ennemi se rendait compte avec étonnement de l'œuvre accomplie et sa fureur redoublait. De plus en plus 'il devint impossible de circuler pendant le jour, les balles innombrables de l'ennemi menaçaient nos voies de communication, mais rien ne pouvait plus nous décourager. Nous nous mîmes à construire des chemins étroits longés de murs par les deux côtés, d'où nous allions et venions sans danger.

Il était facile de préparer les balles pour nos fusils de vieux système, un groupe de femmes et d'enfants fut enrôlé pour cette besogne ; d'autres enfants transportaient vers les rangs des bombes que nous appelions dans notre argot, des pommes. Le service que les enfants ont rendu restera inoubliable. C'est ainsi qu'avec tous les moyens possibles et impossibles nous continuâmes la lutte.

Le dix-septième jour, quelques femmes arméniennes qui étaient restées à Karahissar dans un quartier éloigné, en compagnie de quelques gendarmes furent envoyées comme déléguées pour entrer en pourparlers. Les Turcs faisaient dire par ces déléguées que par « iradé » impérial la politique de persécution avait pris fin et que nous pouvions descendre chez nous sans crainte, que nous serions indemnisés pour nos dégâts matériels, que la vie et l'honneur de tous les Arméniens seraient assurés et que de toute manière une vie tranquille nous attendait. Après ces déclarations, les déléguées partirent. Nos chefs eurent une séance et il fut décidé qu'il était important d'avoir des renseignements certains. Une Délégation composée d'un prêtre et de deux civils fut envoyée chez les Turcs. A son retour, il ne nous fut pas difficile de constater que les promesses des Turcs étaient mensongères. La Délégation des Turcs revint pour avoir notre réponse. Pour présenter nos conditions, nous jugeâmes nécessaire d'envoyer nos délégués. Et nous ne les revîmes jamais...

Le bombardement commença, la fusillade de l'ennemi prenait de l'extension, nos braves faisaient des efforts désespérés pour repousser toute tentative de l'ennemi de se rapprocher de nous. Enfin, les Turcs avec des forces supérieures, commencèrent à attaquer l'entrée de la forteresse, protégés par le bombardement. C'est alors que le soldat arménien, obligé de sortir de ses positions, commença la lutte corps à corps.

Après quatre heures de lutte impitoyable et sanglante, ce sont encore les Turcs qui furent obligés de se retirer en laissant beaucoup de morts. Pendant ce corps à corps, nous avons perdu Hemaïak Karagueuzian, Hagop Bournazian et quelques autres « Fédaïs ». Nous devions notre succès inattendu, tant à l'effort surhumain de nos combattants qu'à l'abondance de nos munitions.

Nous étions à la 23e journée, nos provisions de bouche et nos munitions s'épuisaient de jour en jour et les Turcs renforçaient le siège. Que faire ? Encore une fois les chefs se réunissent et décident de faire une sortie en traversant les rangs ennemis. Tout le monde accepta cette résolution désespérée. La veille de l'exécution de ce plan tous les chefs se réunirent à la porte de la forteresse, nous y étions aussi et le sentiment d'une solennelle résignation présidait à cette heure fatale. La mère devait se séparer de son fils, la femme de son mari, la sœur de son frère...

Nous nous embrassions et nos cris d'adieux s'élevaient de toutes parts. Le 1er et le 4e groupes sortirent de la forteresse, en rangs, les armes prêtes.

Les Turcs avaient deviné l'intention des nôtres. La lutte recommença effrénée, pendant laquelle les Turcs comptèrent de nombreuses victimes. Nos 5e, 6e, 7e et 8e groupes sortirent de la forteresse à leur tour et arrivèrent au secours des nôtres. Les forces de l'ennemi étaient sur le point de faiblir, mais malheureusement par suite de l'obscurité et à cause de la mêlée, une centaine d'Arméniens tombèrent par l'explosion des bombes.

Les six derniers groupes avaient réussi à se dégager. Ceux-là étaient arrivés le matin au village de Tamsara ou après s'être munis de provisions et après quelques heures de repos ils avaient été de nouveau attaqués par les Turcs qui avaient envoyé des détachements à leur poursuite.

Après trois heures de combat, les Arméniens se trouvaient dans la nécessité de se retirer et ils étaient montés sur les hauteurs Ligd-essé, s'étaient répandus de Tiaibélé à Kazan-Kaïa et étaient restés dans ces montagnes inattaquables pendant cinq mois. J'ai appris que Vahan Hussussian, quand il se vit cerner par les Turcs dans le village de Ligd-essé, sortit de sa cachette et après deux heures de lutte, se voyant dans l'impossibilité de continuer, se suicida. J'ai appris aussi que le « Père Loukas » avait réussi, par Baïbourt, à atteindre l'armée russe.

Quand nos hommes s'éloignèrent de la forteresse une tristesse profonde succéda à la tension de volonté que nous avions déployée au moment de la séparation.

Le sort incertain de ceux qui étaient partis, et notre situation désespérante, étaient pour nous inspirer de la terreur. Les cœurs palpitants, les yeux embrouillés de larmes, nous étions dans une attente angoissée. En effet, dès la pointe du jour, les soldats et les hordes turques se ruaient sur nous, entraient dans la forteresse avec la rage de destruction et de carnage. Baïonnette au poing, les soldats nous cernèrent et crièrent brutalement « Que les hommes se séparent des femmes ! » Il ne restait d'ailleurs que des vieillards et des petits garçons. Ils les amenèrent sur une colline avoisinante et les fusillèrent. Je n'oublierai jamais le crépitement de cette sinistre fusillade. Un frémissement d'horreur nous secouait. Puis, comme des bêtes féroces, les Turcs foncèrent sur nous en nous prenant les bijoux, l'argent et nous dépouillant de nos vêtements avec une telle rage qu'ils les déchiraient en les arrachant. Je ne veux pas parler de l'horreur des viols commis dans des circonstances impossibles à décrire. J'avais fermé les yeux ; je ne voulais pas voir ; je me souvins soudain que nous avions emporté avec nous un flacon de poison violent. Les femmes et les jeunes filles en prenaient et mouraient avec sérénité. Quand à mon tour je demandai ce flacon libérateur, il était vide...

Après trois heures de pillage et de toutes sortes de tortures, les Turcs firent descendre les survivants de la forteresse, une grande partie furent jetés dans la rivière Kaïl. Les femmes appartenant à des familles riches étaient séparées des autres et après nous avoir rassemblées dans le jardin public, les Turcs nous forçaient, sous menace de mort, à dévoiler les cachettes de nos trésors. Ils nous traînaient dans nos maisons où ils prenaient ce que nous avions de précieux.

Nous envisagions déjà l'exode vers une mort certaine après avoir subi toutes les tortures de la route, dénuées de tout, affamées.

Nouvel ordre : les jeunes et belles filles furent triées de nouveau pour être envoyées dans les harems.

J'ai pu, grâce à un gendarme qui restait dans notre maison et que j'avais gagné en lui donnant des bijoux et une forte somme, passer à Kirassonde avec mon bébé, ma belle-mère et quelques proches parentes. Là une famille grecque nous abrita chez elle, où nous passâmes jusqu'à l'armistice notre triste vie pleine de tant de cauchemars.

7797 — IMP. DUBREUIL, FRÉREBEAU & CIE, 18, RUE CLAUZEL. - PARIS